W0296751

Die Kraft deiner Gedanken

Uwe Böschemeyer

Die Kraft deiner Gedanken

Ellert & Richter Verlag

Impressum

Bildnachweis
Urs Kluyver, Hamburg: S. 13
Andreas Riedmiller, Oberzollhaus: S. 19, 22/23, 34/35, 42/43, 52/53
Otto Stadler, Geisenhausen: S. 8/9, 16/17, 27, 30/31
Heinz Teufel, Eckernförde: Titel

Die Deutsche Bibliothek – CIP-Einheitsaufnahme

Böschemeyer, Uwe:
Die Kraft deiner Gedanken / Uwe Böschemeyer. –
Hamburg : Ellert & Richter, 2002
ISBN 3-8319-0032-9

© Ellert & Richter Verlag GmbH, Hamburg 2002
Dieses Werk einschließlich aller seiner Teile ist urheberrechtlich geschützt. Jede Verwertung außerhalb der engen Grenzen des Urheberrechtgesetzes ist ohne Zustimmung des Verlages unzulässig und strafbar. Dies gilt insbesondere für Vervielfältigungen, Übersetzungen, Mikroverfilmungen und die Einspeicherung und Verarbeitung in elektronischen Systemen.

Gestaltung: Büro Brückner + Partner, Bremen
Satz: KCS GmbH, Buchholz/Hamburg
Lithographie: ORC, Offset-Repro im Centrum, Hamburg
Druck: Ara-Druck GmbH + Co KG, Stuttgart
Bindung: S. R. Büge, Celle

Inhalt

Vorwort

Hugo von Hofmannsthal hat einmal gesagt: „Wir sehen von unseren eigenen Gedanken nur das nächste Stück, wie die Kurzsichtigen von dem Feldweg vor ihren Augen, nicht aber, wohin er sich am jenseitigen Abhang des Tales fortsetzt." Wir „sehen" letztlich nur wenig von dem, was die Gedanken in uns und anderen bewegen.

Wir wissen letztlich auch nur wenig von dem inneren Land, in dem sie geboren werden und ebensowenig davon, auf welche Weise sie zu unserem Bewußtsein gelangen. Doch was wir wissen, kann eine Hilfe für ein gelingendes Leben sein, für den jedenfalls, der sich mit diesem Wissen vertraut macht und daraus persönliche Schlußfolgerungen zieht.

Solange wir wach sind, denken wir, auch wenn wir uns dessen nicht bewußt sind. Und solange wir denken, nehmen wir aufs Leben Einfluß, auf unser eigenes – auf Geist, Seele und Körper – und auf den Lebenskreis, in dem wir zu Hause sind.

Die Gedanken sind eine Großmacht. Sie nehmen Einfluß auf unsere Gefühle, sie nehmen Einfluß auf unsere Entscheidungen und Handlungen. Sie bestimmen unsere Sprache. Sie schaffen die Voraussetzungen für die Art, wie wir mit Menschen umgehen.

Es waren Gedanken, die am Anfang der Entwicklung von Konzentrationslagern standen, und es waren Gedanken, die Menschen veranlaßten, unter Einsatz ihres Lebens andere vor diesen Lagern zu beschützen.

Es hat mich schon immer gereizt, nach konkreten Hilfen zu suchen, die uns befähigen, so gut wie möglich mit unseren Gedanken umgehen zu können. Das Ergebnis der Suche liegt nun vor Ihnen.

Ich habe mich auf die Themenbereiche beschränkt, von denen ich aus meiner Arbeit mit Menschen weiß, welche dominante Rolle die Gedanken darin spielen. Der leicht geschriebene Text verführt vielleicht dazu, die Seiten rasch zu überlesen. Ich selbst verstehe das Büchlein jedoch als Herausforderung zur persönlichen Arbeit – nicht nur zu der, die den Kopf betrifft, sondern auch und vor allem zu der, an der das Herz beteiligt ist.

Diese Schrift ist bereits unter dem gleichnamigen Titel in der „Kleinen Reihe zu Lebensfragen" des SKV-Verlages erschienen. Der starke Zuspruch, den diese Ausgabe fand, ermutigt mich, sie noch einmal – in revidierter Form – zu veröffentlichen.

Ich wünsche Ihnen, lieber Leser, daß Sie Gewinn von den vor Ihnen liegenden Gedanken haben werden.

Uwe Böschemeyer

Einleitung

Was sind Gedanken, was ist Denken?

In diesem Buch kann ich auf diese große Frage nur eine bescheidene (vielleicht aber wesentliche) Antwort geben. Denn zu vielfältig sind die Meinungen der Philosophen und Psychologen zu diesem Thema, als daß sie sich kurz zusammenfassen ließen. Und da es in dieser Schrift um Lebensfragen geht, darf ich mich mit der folgenden Antwort begnügen:

Denken ist Ausdruck der Spontaneität und Produktivität des menschlichen Geistes. *Gedanken* sind die einzelnen Elemente des Denkens, die sich im Zwiegespräch des Geistes mit sich selbst entwickeln. Da aber der Geist die Mitte der Seele ist, können wir auch sagen, daß Gedanken die einzelnen Elemente des Zwiegesprächs des inneren Menschen mit sich selber sind.

Die mit dem Denken verbundene primäre *Möglichkeit* besteht im Klären und Ordnen des Lebens. Und immer dann, wenn ein Mensch die Wirklichkeit angemessen durchdenkt, schafft er sich eine wesentliche Voraussetzung dafür, Sinn im Leben finden zu können.

Die mit dem Denken verbundene primäre *Gefährdung* liegt darin, daß er Gedanken verfolgt, die ihn dorthin führen, wohin er nicht will. Diese Gefährdung ist immer dann gegeben, wenn jemand nicht weiß, was gelingendes Leben ist, wer er selbst ist und wozu er überhaupt lebt.

Unser Denken ist zutiefst mit unserem ganzen Menschen verbunden. Es stellt keine eigenständige Instanz dar.

Deshalb gilt: Sag mir, wer du bist, und ich will dir sagen, wie du denkst. Gewiß, ein Verbrecher kann eine mathematische Aufgabe ebenso eindeutig lösen wie ein Heiliger (sofern es einen gibt), eine frisch verliebte junge Frau kann ebenso wie ihr frisch frustrierter Kollege eine bestimmte Aufgabe im Geschäft sachlich lösen. Doch dann, wenn es um *spezifisch Menschliches* geht, gilt, daß unsere Gedanken Ausdruck des ganzen Menschen sind. Warum ist das so? Weil jeder Mensch eine Einheit und Ganzheit und also ein Netzwerk ist.

Deshalb gilt aber auch das andere: Sag mir, was du denkst, und ich will dir sagen, wer du bist. Es ist also nicht nur so, daß unser innerer Mensch Ein-Fluß auf die Gedanken nimmt – auch die Gedanken beeinflussen den inneren Menschen. (Auf diese Tatsache hat in neuerer Zeit vor allem Albert Ellis, der Begründer der erfolgreich arbeitenden rational-emotiven Psychotherapie, hingewiesen und viele konkrete Belege dafür erbracht.)

Der Geist denkt immer etwas, und was er denkt, ist mitbestimmend für unser ganzes Leben. Er ist jedoch davon abhängig, was ihm gedanklich *vorgegeben* wird. Bezieht er sich auf *lebensfördernde* Gedanken, fördert er den ganzen Menschen. Bezieht er sich auf *zerstörerische* Gedanken, stört oder zerstört er ihn. Und wird ihm gar nichts vorgegeben und ist er ohne Ziel, dann strömen alle möglichen Gedanken in ihn ein, dann wird er von ihnen besetzt, dann ist er zerstreut und zerrissen und nicht mehr bei sich selbst, dann weiß der Mensch nicht mehr, wer er ist und was er will. Mit anderen Worten: Die Qualität unseres Lebens ist abhängig von der Qualität unseres Geistes, d. h. davon, auf welche Gedanken er ausgerichtet ist.

Genug der Theorie – ich werde nun eine Reihe bekannter Problemfelder ansprechen, die die Lebensqualität erheblich beeinträchtigen können. Beginnen wir mit einem allgemeinen Problemfeld, den Leitgedanken, die zu Leid-Gedanken werden können.

1. Leid-Gedanken

Es gibt Leitgedanken, die zu Leid-Gedanken werden können. Sie sind das, was Ellis „das System der Denkgewohnheiten" genannt hat. Vielleicht leiten sie uns schon seit unserer Jugend, vielleicht auch erst seit kurzer Zeit. Es kann sein, daß andere Menschen sie uns eingepflanzt haben, es kann auch sein, daß sie Gewächse unserer eigenen Lebensphilosophie sind.

Es ist wichtig, diese Gedanken zu kennen, weil gerade sie, die zu Leidgedanken gewordenen Leitgedanken, uns dorthin führen, wohin wir nicht wollen. Da sie jedoch sehr widerspenstig sind, wenn sie sich einmal in die Seele eingewebt haben, ist es auch wichtig, sich ihrer bewußt zu werden, sie zu notieren und sie sich so lange vor Augen zu führen, bis sie rasch erkennbar sind, wenn sie ihre düstere Arbeit aufnehmen. Einige Klassiker dieser Art von Gedanken sind:

Beispiele für *allgemeine* Leid-Gedanken:

Nur wer Erfolg hat, ist was wert.
Nur wer Geld hat, kann richtig leben.
Das Leben ist viel zu kurz.
Das Leben lohnt sich nicht.
Menschen kann man nicht trauen.
Männer wollen nur das Eine.

Auf Frauen ist auch kein Verlaß.
Politik ist ein schmutziges Geschäft.
Der Staat nutzt uns nur aus.
Alter ist Abstieg.

Beispiele für *persönliche* Leid-Gedanken:

Wenn ich ein anderes Elternhaus gehabt hätte …
Wenn ich die Schule nicht geschmissen hätte …
Wenn ich einen anderen Mann geheiratet hätte …
Ich bin nichts wert.
Ich kann ja doch nichts.
Ich bin ein Versager.
Das gelingt mir bestimmt nicht.
Das brauche ich unbedingt.
Das werde ich nie verwinden.
Ohne sie/ihn kann ich nicht leben.
Morgen komm' ich ganz groß raus.

Sie kennen Ihre Leid-Gedanken? Je rascher Sie diese inneren Widersacher erkennen, desto eher können Sie sich gegen sie empören. Je mehr Sie sich gegen sie empören, desto deutlicher wird Ihnen, was Sie „im Grunde" denken und was Sie „eigentlich" wollen. Je mehr Sie sich gegen sie auflehnen, desto leichter werden Sie die *Zugänge* zu den Kräften finden, die die Leidgedanken Ihnen bisher versperrten.

2. Leit-Gedanken

So zerstörerisch die Kraft der negativen Gedanken ist, so aufbauend sind deren gegenpolige, jedenfalls dann, wenn Sie sich in sie ebenso intensiv ein-denken wie in die grauen Lebensgegner. Denn alle Ideen haben die Tendenz, sich zu verwirklichen – die negativen ebenso wie die positiven. Zu den Klassikern der hilfreichen Sätze gehören die folgenden:

Beispiele für *allgemeine* Leit-Gedanken:

> Leben ist spannend.
> Man kann aus vielem Gutes gestalten.
> Jeder Tag ist eine neue Lebenszeit.
> Jede Lebenszeit hat ihre Gefährdungen, aber auch ihre Chancen.
> Diese Zeit schenkt uns vieles, was es in anderen Zeiten nie gab.
> Menschen sind interessant.
> Es gibt Menschen, denen man vertrauen kann.
> In jedem Menschen lebt eine große Sehnsucht.

Beispiele für *persönliche* Leit-Gedanken

> Das Leben meint mich.
> Ich kann das.
> Mein Leben gehört mir.

Warum sollte ich „das“ nicht können?
„Das“ wird schon gutgehen.
Dieses Mal werde ich es schaffen.
Ich werde schon nicht untergehen.
Niemand kann mich letztlich beurteilen.

Notieren Sie auch diese Sätze, und machen Sie sie sich dadurch zu eigen, daß Sie sich den für Sie wichtigsten Satz *täglich mehrere Male* und über einen längeren Zeitraum nahekommen lassen. Das gelingt am ehesten dadurch, daß Sie sich entspannen und den Satz mehrere Male wiederholen.

Ich kann mir nicht versagen, in diesem Zusammenhang die von Anselm Grün gesammelte lange Liste negativer und positiver „Einreden“ junger Menschen wiederzugeben, weil sie eindrucksvoll einzelne Aspekte lebensfördernder und lebensstörender Leit-Gedanken zeigen. Ich gebe sie auch wieder, weil sie eine Hilfe sein können, den negativen Leit-Gedanken auf die Spur und den positiven näherzukommen (in: Einreden, Münsterschwarzacher Kleinschriften 19, S. 8 f.).

Die *negativen* „Einreden“

„Schon wieder aufstehen. Ich habe keine Lust. Ich bin so müde. Blödes Wetter heute. Jetzt geht der Streß schon wieder los. Viel zu wenig geschlafen. Blöde Arbeit. Wenn die Arbeit doch schon ’rum wäre. Keiner mag mich. Warum muß ich immer allein sein? Warum muß ich mit allem allein fertig werden? Warum hab ich so wenig Freunde? Warum macht man es mir so schwer? Warum immer ich und nicht die anderen? Warum schenkt man mir nichts, rein gar nichts? Ich habe Angst. Ich kann das nicht. Ich kann nicht mehr. Ich bin unsicher und ungeschickt. Ich bin so stumpf und leer. Es hat doch keinen Sinn. Schaff' ich doch nicht. Das lerne ich nie. So was Blödes. Warum bloß jetzt? Warum ausgerechnet du? Ach hättest du das lieber gelassen. Keine Zeit für mich. Alles regt mich auf. Du kannst dich einfach nicht beherrschen. Wieder mal nicht geschafft. Die anderen sind viel besser als ich. Das kann auch nur mir passieren. Ich Rindvieh. Null Bock. Muß das sein? Laßt mir doch meine Ruh'. Ich bin zu gestreßt. Ich will jetzt nichts mehr hören. War das ein blöder Tag. Wenn doch nur schon alles vorbei wäre. Ich glaub, ich spinn'. Du bist dumm. Was soll das alles? Alles Schwindel. Am liebsten wäre ich tot."

Die *positiven* „Einreden"

„Es wird sich schon alles finden. Davon geht die Welt nicht unter. Alles geht einmal vorbei. Morgen sieht die Welt schon wieder anders aus. Alles hat seinen Sinn. Schön auf mich zukommen lassen. Let it be. Take it easy. Packen wir's an. Es wird schon klappen. Wird schon wieder werden. Sieh es nicht so eng. Es kann nicht immer schönes Wetter sein. Halb so wild. So wie es kommt, ist es gut. Immer mit der Ruhe. Macht nichts. Das nächste Mal geht's besser. Ran an den Feind. Du kannst das."

- Oft ist nicht der Auslöser von Ärger das Hauptproblem, sondern die Art und Weise, wie wir mit ihm *umgehen.* Ärger ist ein zuständliches Gefühl, und das bedeutet, daß der sich Ärgernde in seinem Zustand verharrt und nicht nach Lösungen seines Problems Ausschau hält. Er denkt in immer gleichen Bahnen.

  Wer das begreift und sich vom Ärger distanzieren will, wird sich deshalb klugerweise überlegen, was er konkret tun kann, um mit den Schwierigkeiten, die ihn ausgelöst haben, fertigzuwerden. Schon die *Suche* nach Lösungen reduziert bereits einen Teil der mißlichen Gedanken.

- Wer übermäßig lange mit ärgerlichen Gedanken zu tun hat, ärgert sich häufig nicht nur über den *Anlaß* seines gegenwärtigen Mißgefühls. Häufig mischt sich in seinen jetzigen auch längst *vergangener* Ärger ein und potenziert ihn auf diese Weise beträchtlich.

  Hilfreich ist deshalb die Frage: Ist das, worüber ich mich ärgere, *nur in dieser Situation* begründet? Es ist verblüffend zu erleben, daß sich allein durch die Entmischung der alten und der neuen Situation das Gefühl verändert.

- Manche Verärgerung wirkt oft genug nur deshalb so tief und so lange, weil ich irrtümlicherweise von der Voraussetzung ausgehe, daß der, der den Ärger ausgelöst hat, mich *vorsätzlich* ärgern will und mich persönlich ablehnt.

  Hilfreich sind deshalb die Fragen: Will der andere

mich vorsätzlich ärgern? Bin ich ihm etwa unsympathisch?

- Wenn ich mich in die Menschen hineinversetze, die Grund für meinen Ärger zu sein scheinen, werde ich oft zu der erstaunlichen Erfahrung gelangen, daß deren „Ungerechtigkeiten“ *aus ihrer Sicht* Gerechtigkeiten sind, für die sie deshalb ebenso einstehen wie ich für meine eigenen.

Hilfreich ist deshalb die Frage: Ist das, was der andere mir entgegenhält, *aus seiner Sicht* vielleicht verständlich?

Zweifellos löst mein ungerechtfertigter Ärger bei den anderen Widerstand aus, eben weil sie die jeweilige Situation anders als ich beurteilen. Sie werden daher unfreundlich, wenn nicht aggressiv reagieren. Diese Reaktion aber löst in mir erneut Ärger aus, wenn nicht sogar Verbitterung. Ein unseliger Kommunikationszirkel ist entstanden.

Hilfreich ist dann die Frage: Kann es sein, daß ich durch meinen, aus der Sicht des anderen vielleicht gar nicht begründeten Ärger das ernsthafte Problem zwischen ihm und mir erst heraufbeschworen habe?

- Häufig ist Ärger nichts anderes als eine unangemessene Reaktion auf eine zutreffende Kritik, die ich – aus Sorge um mein anfälliges Selbstwertgefühl – nicht zulassen möchte.

Wenn das so ist, hilft die Frage weiter: Kann es sein, daß die Kritik des anderen sachlich richtig ist und mir sogar zum Vorteil werden könnte?

- Viele ärgerliche Gedanken sind die Folge meiner eigenen unrealistischen Erwartungen. Deshalb würde ich mir und anderen viel Ärger ersparen, wenn ich meine Erwartungen an Menschen und ans Leben überhaupt hin und wieder einer realistischen Überprüfung unterzöge und sie gegebenenfalls veränderte. Zu den Klassikern menschlicher, allzu menschlicher Erwartungen gehören Sätze wie diese:

Ganz bestimmte Dinge stehen mir einfach zu (z. B. ein liebender Partner, Gesundheit, Freude).

Weil ich eine gute Partnerin, weil ich ein guter Partner bin, muß mich meine Partnerin/mein Partner selbstverständlich auch lieben.

Wenn ich mich um etwas redlich bemühe, müßte ich es auch bekommen.

Menschen müssen mich freundlich behandeln, denn ich selbst bin ein freundlicher Mensch.

Die anderen müßten meine Fähigkeiten erkennen.

Ich muß in der Lage sein, meine Probleme selbst zu lösen.

Andere Menschen sollten so denken und fühlen wie ich selbst.

Umgang mit bedrängenden Gedanken

Kennen Sie das? Da sind Gedanken, von denen Sie sich nicht befreien können. Sie fließen einfach nicht weiter. Sie halten Sie besetzt. Sie kommen nicht von ihnen los. Sie *müssen* sie denken. Sie können sie nicht überspringen. Sie können sie nicht unterdrücken. Sie können sie sich nicht verbieten. Sie haften an Ihnen. Die Gedanken lassen sich einfach nicht abweisen. Und je mehr Sie ihnen zu widerstehen versuchen, desto mehr drängen sie sich Ihnen auf.

Ihre Konzentration schwindet. Das, womit Sie sich beschäftigen *wollen*, bleibt Ihnen fremd. Sie kreisen nur um das eine: um ein scheinbares oder tatsächliches Versagen, um eine alte Schuld, um den Gedanken, daß Sie nichts wert sind, daß der andere nichts wert ist, daß Sie „alles" nicht schaffen. Sie werden selbst wissen, was das sein kann, worüber wir hier sprechen.

Wer zu solchen Gedanken neigt, muß wissen, daß in jedem von uns zwei Seelen wohnen, die – mehr oder weniger – unser Lebensgefühl und unsere konkreten Empfindungen und Gefühle bestimmen: die eine, die unser *Bestes* will, und die andere, die gerade das zu *verhindern* sucht. Schon die Märchen, die kostbare Spiegelungen der menschlichen Seele sind, haben höchst anschaulich von dieser menschlichen Grundbeschaffenheit erzählt. Denken Sie z. B. nur an die Hexen, Sirenen, Gnome oder garstigen Tiere, die die Wanderer von ihren Wegen zu den Schlössern des Glücks abzubringen versuchen. Und erinnern Sie sich der guten Feen, der alten weisen Frau oder der mitleidsvollen Vögel, die im rechten Augenblick zur Stelle sind und den Weg zu finden helfen.

Menschen haben diesen beiden Seelen verschiedene Namen gegeben, in der Sache selbst aber waren sich die Menschenkenner immer einig – und auch darin, daß die dunkle Seele auf sehr unterschiedliche Weise den durchs Leben wandernden Menschen zu stören und zerstören versucht.

Eine ihrer besonderen „Gestalten“ ist der „innere Ankläger“, wie ich ihn in unserem Zusammenhang nennen möchte. Dieser Ankläger ist überkritisch, klagt nicht nur an, sondern stellt auch ständig das in Frage, was ein Mensch ist, denkt, fühlt oder tut. Besonders dann jedoch, wenn sich der von ihm beherrschte Mensch der Freiheit oder der Lust am Leben nähert, oder dann, wenn er versagt, scheitert oder schuldig wird bzw. zu werden scheint, erhebt der Ankläger seine Stimme: hart und streng, manchmal auch weinerlichvorwurfsvoll.

Er sucht im Menschen nicht das Helle, nur das Dunkle. Er deckt das Schwache auf, nicht das Starke. Von Güte weiß er nichts, auch nichts von Großzügigkeit. Trotz seiner scheinbar tiefen Moralität geht es ihm gar nicht um Recht, um Wahrheit oder gar Liebe, es geht ihm um Unterdrückung, um innere Aushöhlung, um Zerstörung von Glück. Die Stimme des inneren Anklägers ist der verdichtete Chor jener Stimmen, die sich im Laufe der Jugend und auch der späteren Jahre in der Seele eingenistet haben. Das

sind Stimmen von Menschen, die von Freiheit und Liebe und vom Leben wenig wußten.

Wie kann man lernen, mit diesem in der Tat nicht leichten Widersacher umzugehen?

„Ein Bruder“, so erzählt Anselm Grün in seinem bereits zitierten Büchlein, „kam zum Altvater Poimen und sagte: ‚Vater, ich habe vielerlei Gedanken und komme durch sie in Gefahr.‘ Der Altvater führte ihn ins Freie und sagte zu ihm: ‚Breite dein Obergewand aus und halte die Winde auf!‘ Er antwortete: ‚Das kann ich nicht!‘ Da sagte der Greis zu ihm: ‚Wenn du das nicht kannst, dann kannst du auch deine Gedanken nicht hindern, zu dir zu kommen. Aber es ist eine Aufgabe, Ihnen zu widerstehen.‘“

Doch wie kann das gelingen?

- Wir werden bereits ein wenig freier von unserem Ankläger, wenn wir ihn näher kennenlernen. Und wir lernen ihn kennen, indem wir die lästigen Gedanken gründlich studieren und uns vergegenwärtigen, wenn sie wieder in Erscheinung treten. Denn jede Bewußtmachung dieser Gedanken schafft eine gewisse Distanz zu ihnen.

- Gedanken solcher Art leben davon, daß wir ihnen zuviel Beachtung schenken und uns über sie ärgern. Wir ärgern uns über sie, weil wir ihnen ausgeliefert zu sein scheinen. Wir sind es jedoch nicht, wenn wir sie wie einen inneren Film anschauen, mit dessen Inhalt wir persönlich nichts zu tun haben – wenn wir sie wie ein interessantes Objekt anschauen und uns z. B. fragen: Was wird mir wohl gleich zu diesem Thema einfallen? Denn, ich darf es noch einmal wiederholen, alle Gedanken leben von der Beachtung, die wir ihnen zukommen lassen. Das gilt für die, die uns aufbauen, das gilt für jene, die uns lästig sind.

- Es kann eine Hilfe sein, mit ihnen ins Gespräch zu kommen, sie also nicht zu unterdrücken, sondern sie zuzulassen. Zulassen, das heißt in diesem Zusammenhang: Nicht mit ihnen darüber zu diskutieren, ob sie zu recht oder zu unrecht da sind, sondern sie als eine Gegebenheit anzunehmen. Dann können wir sie fragen, was sie uns sagen wollen und daraus vielleicht persönliche Schlußfolgerungen ziehen.

Möglich ist auch, ihnen zuzustimmen und zu sagen: Ja, das trifft zu, das ist wohl so. Denn wenn wir den lästigen Gedanken nicht widerstehen, dann vermindern wir die Spannung zwischen ihnen und uns. Dann verlieren sie ihre besitzergreifende Macht. Dann ziehen sie sich zurück. Dann weicht von uns der Druck. Dann werden wir wieder freier für das, worum es uns eigentlich geht. Wenn allerdings aus lästigen Gedanken neurotisch zwanghafte geworden sind – das ist dann der Fall, wenn jemand den überwiegenden Teil des Tages übermäßig mit ihnen beschäftigt ist –, sollte man unbedingt fachliche Hilfe suchen.

- Ein Freund „quälte“ mich längere Zeit mit höchst attraktiven Angeboten: Er lud mich ein, mit ihm nach Stockholm, nach Wien oder nach Rom zu fliegen. Zwar wußte ich, daß er ein hervorragender Pilot war, meine Angst vor dem Fliegen war jedoch so groß, daß ich seinen Verlockungen immer wieder widerstand. Statt meiner flog – bei Kurzflügen – Andreas mit, mein damals noch kleiner, flugsüchtiger Sohn. An einem herrlichen Sommermorgen fuhren wir wieder einmal zum Flughafen. Auf der Fahrt erfaßte mich einerseits der Wunsch, dieses Mal mitzufliegen, andererseits überschütteten mich geradezu angst-volle Gedanken. Ich dachte an „unser“ winziges Flugzeug, das sich in den blauen Tiefen des Himmels verlieren könnte. Ich dachte an brennende Tragflächen. Ich dachte daran, daß der Freund einen Herzinfarkt erleiden könnte … Längst war die kleine Cessna in meiner gedanklichen Phantasie zu einem Todesvogel geworden. Redlich hatte ich mich um vernünftige Gedanken bemüht, doch hatten sie sich nur kurz im reißenden Fluß meiner turbulenten Phantasie halten können.

Dann kam die Wende: Liebevoll, fast ohne Spott, erklärte mir der Freund, daß das Flugzeug aufgrund bestimmter aerodynamischer Gesetze gar nicht abstürzen könne, und außerdem seien die Wetterbedingungen an diesem Tag so günstig wie selten. Ich begann, mich in seine Argumente einzuhören. Entscheidend jedoch war der werbende Blick meines Jungen und sein Satz, wie sehr er sich freute, wenn ich mitflöge. Und da *begriff* ich etwas, was ich lange vorher nur gewußt hatte: Es gab und gibt *Wichtigeres* als die Angst. Sogleich, nachdem ich ins Flugzeug eingestiegen war, lenkte ich meine Aufmerksamkeit bewußt von mir weg und hin auf all das, was wichtig, interessant und neu für mich war: Ich sah auf meinen vor mir sitzenden Jungen, der sich nicht nur über meine Anwesenheit freute, sondern auch und vor allem darüber, daß sein angstgepeinigter Vater nicht wimmerte. Ich verfolgte die Gespräche des Piloten mit dem Tower. Ich studierte die Einzelteile des hochinteressanten Cockpits. Ich betrachtete die mir aus der Luft nicht vertraute und wunderschöne Landschaft unter mir. Alles, was ich tat, tat ich so aufmerksam wie möglich. So lernte ich, so weit wie möglich über meine Angst *hinwegzusehen.* Das Ergebnis: Ich hatte zwar noch Angst – doch hatte die Angst nicht mehr mich! Sie hatte sich zwar nicht gänzlich aufgelöst, doch konnte ich vieles, was ich sah, genießen. Fortan wurde diese Erfahrung für mich eine Hilfe für mein ganzes Leben. *Auf das Wichtigere als die Angst sehen!* Denn wer sich seinen angst-vollen Gedanken hingibt, der fixiert sich auf sie, der wird von ihnen aufgesogen, dem verengt sich der äußere und innere Horizont, der sieht keine Aus-Wege und erst recht keine Glücks-Wege mehr.

• „Ich lasse mir von mir selbst nicht alles gefallen." Dieser Satz meines Lehrers Viktor E. Frankl ist einer meiner Lieblingssätze geworden. Was meint dieser Satz? Denken

Sie doch einmal an die beiden Seelen in unserer „Brust“. Diese zwei Seelen sind ja meistens weder einer Meinung noch eines Willens. Es muß jedoch nicht sein, daß die „dunkle“ Seele sich zwangsläufig durchsetzen muß. Es gibt nämlich Situationen, in denen sie durchaus beeinflußbar ist: Wir können einen beunruhigenden Gedanken weiterverfolgen und so unsere Erwartungsangst steigern – wir können uns aber auch bewußt anderen, erfrischenderen Gedanken und Handlungen zuwenden und auf diese Weise dem Negativen die Aufmerksamkeit entziehen. Wenn uns aber die Angst gepackt hat und uns neue und scheinbar sichere Argumente einzuflößen versucht, dann bleibt uns immer noch die Möglichkeit der *Empörung* gegen die „dunkle“ Seele, die darauf aus ist, die Kostbarkeit Leben zu tabuisieren, zu sabotieren oder zu ruinieren. Ich spreche nicht von ohnmächtiger, blinder Wut, die sich nur entladen will und so den Handlungsspielraum noch weiter einengt. Ich spreche von dem sich empörenden Zorn.

Zorn, damit meine ich jenes kraftvolle, höchst menschliche Gefühl, das wir z. B. dann zulassen sollten, wenn wir spüren, daß wir an der Bedrückung, Einengung und Vernachlässigung unseres Lebens selbst beteiligt sind. Zorn, damit meine ich die jedem Menschen eigene Fähigkeit, sich aufzurichten, aufzubäumen und sich zu empören (empor!) gegen unechtes, feindliches, unmenschliches Leben – auch in uns selbst.

Zorn, das ist der Gegenpol zu tragischem Gebaren und

Selbstmitleid. Zorn, das ist ein komprimiert hervorgebrachtes Gefühl von Freiheit, das Versklavung nicht duldet, vor allem nicht die Versklavung durch unsere eigenen überängstlichen Gedanken.

- Schreiben Sie alle angstmachenden Gedanken untereinander auf. Dann überlegen Sie, was das Schlimmste, das Zweitschlimmste, das Drittschlimmste etc. für Sie ist. Wozu ist das gut? Die Differenzierung der angstmachenden Gedanken verringert deren globalen Druck. Nicht alles, was uns bedrängt, ist in gleicher Weise einengend. Das eine ist weniger schwer zu ertragen als das andere. Wenn Sie fragen, was schlimmstenfalls „dabei" herauskommen könnte, werden Sie (wenn Sie dieser Frage sorgsam nachgehen) erkennen, daß das, was Sie ständig beschäftigt und einengt, vielleicht unangenehm, letztlich aber nicht katastrophal ist. Differenzieren Sie zwischen dem Schlimmsten, Zweitschlimmsten etc., werden Sie leichter erkennen, welches Problem Sie vorrangig bearbeiten sollten und welchem Sie sich getrost später zuwenden könnten. Wenn Sie beginnen, zwischen schwereren und leichteren Ängsten zu differenzieren, werden Sie die Erfahrung machen, daß Sie hin und wieder ausruhen und sich mit dem beschäftigen können, was für Sie vor allem sinnvoll ist.

- Die meisten ängstlichen Gedanken beziehen sich auf andere Menschen. Die folgenden Gedankenanstöße könnten ihre negative Wirkung reduzieren: Weshalb gebe ich anderen Menschen so viel Raum in mir? Habe ich noch immer nicht die Angst vor dem Vater, der Mutter, den Lehrern, den Autoritäten der frühen Jahre überwunden? Bestimmen diese Menschen, die damals auf mich Einfluß hatten, mein Verhältnis zu anderen auch heute noch?

Oder ist da noch immer Widerstand in mir, selber mündig zu werden und mir mein eigenes Urteil über mich und andere zu bilden?

Ich kann mich nicht akzeptieren, weil andere mich nicht akzeptieren. Mir fehlt jedes Gefühl für den Wert meiner eigenen Person.
Habe ich mich denn für mich *entschieden*?
Setze ich mich denn für mich ein?
Suche ich denn *selbst* nach meinen eigenen Werten?

Ich stehe nicht zu mir.
Sollte etwa ein anderer zuerst zu mir stehen?
Ob das scheinbar so harmlose Gift des Selbstmitleids mich daran hindert, daß ich zuerst für mich einstehe?

Ich weiche anderen aus. Sie könnten mir meinen Ruf, meine Würde, meine Existenzgrundlage nehmen.
Können sie das *wirklich*?

Immer wieder lösen andere Menschen ängstliche Gedanken in mir aus.
Lösen die *anderen* diese Gedanken aus?
Die Gedanken werden nicht in *mir* geboren?

Mag ich die anderen?
Kann es sein, daß ich Angst vor ihnen habe, weil ich sie *nicht* mag?
Wenn ich jedoch die anderen nicht mag – wie kann ich dann erwarten, daß sie mich mögen?

Ich habe mit Menschen schlechte Erfahrungen gemacht.
Habe ich auch nach *guten* gesucht?

Ich weiß, daß mich andere beurteilen.
Können sie das?
Mein Verhalten wohl, mein Sein jedoch nicht.
Ahne ich, was das für mich bedeutet?

Wonach beurteile ich denn andere Menschen?
Nach dem, was sie haben?
Nach dem, was sie tun?
Nach dem, was sie wollen?
Nach dem, was sie können?
Ich beurteile sie nicht nach dem, wie sie ihr Leben – im Rahmen ihrer Möglichkeiten – gestalten?

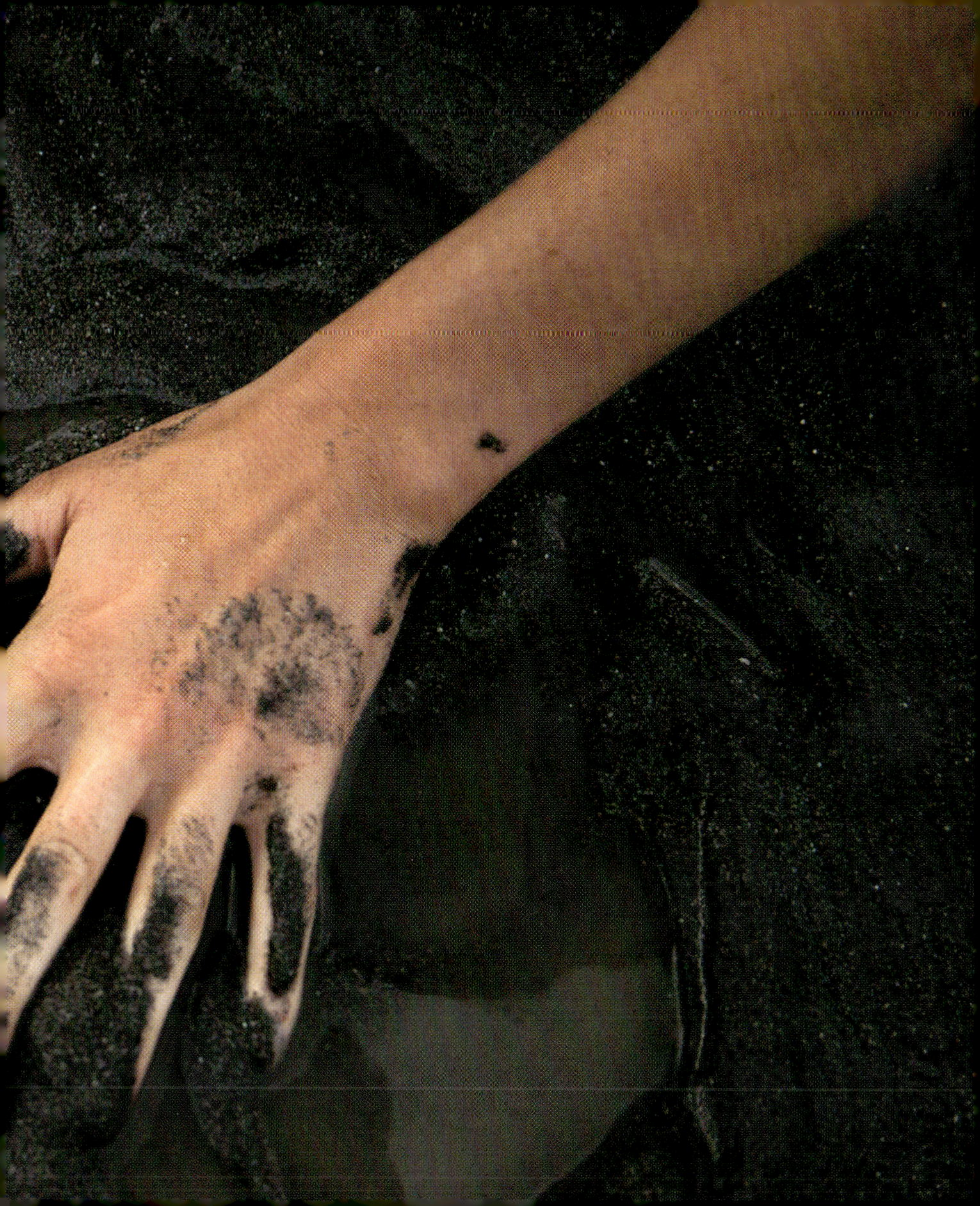

Umgang mit peinlichen Gedanken

Manche Menschen leiden darunter, daß ihnen immer wieder aggressive oder sexuelle Gedanken kommen, deren sie sich zutiefst schämen und die sie (leider) niemandem mitteilen mögen. Sie fühlen sich deshalb schuldig und minderwertig. Es kann sein, daß solche niederziehenden Gedanken z. B. zum Symptomfeld einer Zwangsneurose gehören, oft jedoch haben sie keineswegs neurotischen Charakter.

Es gibt Gedanken, die sich aus den tiefsten Schichten der menschlichen Seele (C. G. Jung nennt sie das „kollektive Unbewußte") lösen und ins Bewußtsein dringen, ohne daß ein Mensch auch nur den Hauch einer Verantwortung dafür trüge. Diese Schichten beinhalten uralte Erfahrungen der Menschheit, die jeder Mensch in sich trägt. Ihre „negativen" Elemente können herbe Anfechtungen, ihre „positiven" Gründe für neue Hoffnung sein. Sie steigen in jedem von uns hin und wieder auf, und da ist keiner, der sich ihrer Verselbständigung im Bewußtsein sogleich entziehen könnte.

Aus konkretem Anlaß fragte ich einmal die Teilnehmer einer Selbsterfahrungsgruppe, ob sie schon einmal in ihrem Leben einen übermäßig aggressiven Gedanken gehabt hätten. „Einmal?" fielen mir mehrere ins Wort. Dann berichtete einer nach dem anderen von Gedanken und Impulsen barbarischen Inhalts (doch niemand von ihnen hatte einen anderen oder sich selbst dadurch in konkrete Gefahr gebracht).

Wenn uns Gedanken solcher Art überfallen, dann helfen Fragen weiter:

Gehört der widerliche oder furchtbare Gedanke, der sich mir jetzt aufdrängt, tatsächlich zu mir? Kann es sein, daß er aus mir fremden Tiefen aufgestiegen ist? Indem wir so fragen, distanzieren wir uns von ihm und brauchen für ihn keine Verantwortung zu übernehmen.

Hilfreich ist manchmal auch der in der Verhaltenstherapie methodisierte Gedankenstop, den ich hier nur andeute: Wenn sich ein peinlicher Gedanke nicht zurückzieht, kann ich ihm ein energisches „Schluß" – verbunden mit einer energischen Geste – entgegensetzen.

Jemand lebt in einer schweren Ehe. Ein anderer erträgt kaum noch seinen Beruf. Doch weder das Ehe- noch das Berufsproblem läßt sich von heute auf morgen lösen. Die Probleme sind allerdings so schwer, daß sie täglich einen weiten Teil der Zeit ausfüllen. Es gibt eine gedankliche Hilfe, die sich gerade in solchen, an den Lebensnerv gehenden Zeiten als eine Form der Lebenskunst erwiesen hat.

Kaum etwas engt einen Menschen mehr ein als der Gedanke an Ausweglosigkeit. Denn dieser Gedanke löst in ihm das Gefühl aus, daß ihm keine Möglichkeit mehr bleibt, selbst über die Art und Weise seines Lebens entscheiden zu können. Gerade das aber macht im besonderen die Qualität menschliches Leben aus.

Denkt der unglücklich Verheiratete, daß er unter allen Umständen in der Ehe bleiben müsse, ist der in seinem Beruf Verzweifelnde nur von dem einen Gedanken besetzt, daß er zu seiner jetzigen Tätigkeit keine Alternative finden werde, dann wird sich das Bedrücktsein weiterhin steigern.

Lassen die beiden Unglücklichen jedoch den Gedanken zu, daß sie ihr gegenwärtiges Los nur für eine *begrenzte* Zeit dulden müssen, dann öffnet sich ihnen wieder der Raum der Entscheidung, dann werden sie freier, auch wenn sich ihr Leben konkret zunächst gar nicht ändert. Denn gerade dadurch, daß sie den Gedanken an die Endgültigkeit Ihrer Bedrängnisse fallenlassen und den an die *Vorläufigkeit* Ihres Zustands aufnehmen, entsteht in ihnen Hoffnung.

Hoffnung aber ist, obwohl sie sich auf Zukünftiges richtet, ein gegenwärtiges Gefühl. Und je stärker dieses Gefühl ist, desto eher zeigen sich neue Möglichkeiten – auch die, schon hier und jetzt die Probleme zu verringern oder vielleicht sogar zu überwinden.

Es gehört zu den Merkwürdigkeiten menschlicher Existenz, daß uns auch einmal ein Gedanke besetzen kann, der uns auf abenteuerliche Wege lockt. Da winkt z. B. das ganz große Glück in der Gestalt eines neuen Partners, da lockt das große Geld nach einem Berufswechsel. Und obwohl alle eigenen Gedanken und die wohlmeinender Freunde uns von diesem Weg abraten, läßt dieser eine Gedanke sich einfach nicht abschütteln.

Zu diesen schicksalsschweren Gedanken hat Anselm Grün in dem genannten Buch weise gesagt: „Alle Argumente, daß dieser Weg für einen nicht richtig sei, nützen nichts. Der Drang, den Weg zu gehen, ist so groß, daß er nur zur Ruhe kommen kann, wenn man ihn ausprobiert. Die eigene Erfahrung lehrt einen dann mehr als alle Ratschläge anderer oder auch als die eigenen Argumente, die man sich gegen die bedrängenden Gedanken zurechtgelegt hat. Manche brauchen einen Umweg. Und man kann sie durch nichts abhalten. Sie müssen ihn gehen, um so selbst den richtigen Weg zu finden. Wichtig ist jedoch dabei, daß sie keine endgültige Entscheidung treffen, sondern sich nur testen, ob der Weg für sie gangbar ist."

Umgang mit Unkonzentriertheit

Zu den häufigsten Klagen im Zusammenhang mit Gedanken-Problemen gehört der Konzentrationsmangel.

Was ist Konzentration? Konzentration ist Aufmerksamkeit. Aufmerksamkeit ist „kritische Wachheit" (von Dürckheim). Kritische Wachheit ist waches Erleben dessen, was ich tue und wie ich etwas tue.

In seinem Buch „Konzentration" (Wien 1993) hat Sam Horn elf Konzentrationsblockaden dargestellt (vgl. dazu auch „Psychologie heute", 20. Jg., Heft 11, S. 20 ff.). Es lohnt sich, über sie nachzudenken, da sie zugleich wichtige Hinweise zu ihrer Überwindung sind:

Blockade 1 – *Ablenkung und Unterbrechungen*

Ich kann mich nicht konzentrieren, wenn ich dauernd z. B. von Menschen, sichtbaren Bewegungen, laufenden Bildern, Musik oder Lärm gestört werde.

Blockade 2 – *Mangel an Übung und Erfahrung*

Konzentrationsfähigkeit stellt sich nicht von selbst ein. Ich muß sie üben. (Eine hervorragende Übung ist z. B. das von Schülern leider ungeliebte Auswendiglernen von Gedichten, eine andere, in Schönschrift täglich langsam einen kleinen Text zu schreiben.)

Blockade 3 – *Gewohnheitsmäßige Unaufmerksamkeit und Zerstreutheit*

Nicht wenige Menschen sind von Jugend an darauf

programmiert, mehrere Dinge gleichzeitig zu tun. Deshalb haben sie kein Gefühl für die Wohltat inneren Gesammeltseins entwickelt.

Blockade 4 – *Geringe Frustrationstoleranz*

Die Tendenz unserer Zeit, Schwierigkeiten so weit wie möglich aus dem Weg zu gehen, verhindert die Entwicklung geistiger Disziplin. Doch gerade sie brauchen wir, um uns auf komplexe Zusammenhänge konzentrieren zu können.

Blockade 5 – *Mangel an Interesse und Motivation*

Wenn ich mich für etwas Bestimmtes nicht interessiere, fehlt mir auch die Motivation, ihm meine Aufmerksamkeit zu schenken. Mangel an Interesse und Motivation aber sind häufig Ausdruck des Mangels an Wahr-Nehmung von Leben. (Wichtig ist deshalb, daß der an Konzentrationsmangel Leidende so intensiv wie möglich die ihn umgebende Welt zu *sehen* lernt.)

Blockade 6 – *Aufschieben*

Je mehr ich grundlos mir nicht angenehme Aufgaben aufschiebe, desto unfähiger werde ich, geistes-gegenwärtig zu sein. Die Aufgaben lassen sich verdrängen, nicht aber die mich immer wieder einholende Erinnerung an sie.

Blockade 7 – *Unklare Handlungszwecke und Pläne*

Je planloser ich in meine Tage gehe, desto weniger

weiß ich, warum ich hier und jetzt dieses oder jenes tue. Doch wenn ich nicht weiß, wozu ich etwas tue, habe ich an dem, womit ich beschäftigt bin, weder das notwendige Interesse noch das hinreichende Motiv und schon gar nicht die Kraft, geistes-gegenwärtig zu sein.

Blockade 8 – *Überlastung und Zerstreutheit*

Ursache für Konzentrationsmangel ist bei vielen Menschen nicht Planlosigkeit, sondern *Planfülle.* Denn wenn ich mich zu vielen Projekten zuwende, gleiche ich einem Musiker, der mehrere Instrumente zugleich zu spielen versucht.

Blockade 9 – *Streß, Müdigkeit, Mangel an Gesundheit*

Übermäßiger Streß wirkt sich auf *alle* Ebenen des Organismus, die wechselseitig miteinander in Verbindung stehen, aus. Wie also sollte unter diesen, den *ganzen* Menschen betreffenden Störungen, Konzentration möglich sein?

Blockade 10 – *Ungelöste Probleme*

Ungelöste, ängstigende und bedrückende Probleme absorbieren einen Großteil der Aufmerksamkeit, sofern sie Lebens-Probleme sind und also zentral das gesamte Lebensgefüge betreffen. Die Konzentrationsfähigkeit wird sich dann wieder einstellen, wenn die anstehenden Probleme so weit wie möglich gelöst sind.

Blockade 11 – *Negative Einstellung*

Wann immer ein Mensch von der Voraussetzung ausgeht, sich nur unter *bestimmten* Bedingungen konzentrieren zu können, fixiert er sich auf seine Unfähigkeit zur Konzentration und lenkt sich selbst von dem ab, dem seine Aufmerksamkeit gelten sollte.

1. Gedanken sind Ausdruck der ganzen Persönlichkeit, zugleich beeinflussen sie die Persönlichkeit. Wer guten Umgang mit den Gedanken sucht, braucht deshalb Selbsterfahrung.
2. Gedanken sind Ausdruck des Geistes, zugleich lebt der Geist davon, welche Gedanken ihm *vorgegeben* werden.
3. Es gibt „zwei Seelen“ im Menschen. Die eine entwickelt Gedanken, die ihn von ihm selbst entfremden, die andere entwickelt Gedanken, die ihn zu ihm selbst und auf seinen persönlichen Weg führen.
4. Es gibt Leit-Gedanken, die zu Leid-Gedanken werden. Es gibt auch Leit-Gedanken, die zu gelingendem Leben führen.
5. Die die Persönlichkeit bildenden Gedanken werden – in aller Regel – nicht im Streß geboren, sondern in der Stille. Streß ist die Negativbedingung für ein „gedankenloses“, frustriertes und ungesundes Dasein.
6. Viele Gedanken, die zu zwischenmenschlichen Störungen führen, basieren auf unangemessenen Vorstellungen, die wir uns von anderen machen, und auf unangemessenen Erwartungen ans Leben.
7. Es gibt bedrängende Gedanken, die erst dann zur Ruhe kommen, wenn sie auf ihre realen Möglichkeiten hin durchdacht worden sind.

8. Es gibt peinliche Gedanken, für die wir uns nicht zuständig zu fühlen brauchen, weil sie aus seelischen Schichten aufsteigen, die unserem Verantwortungsbereich entzogen sind.
9. Nur wenn ich fühle, was ich denke, und denke, was ich fühle, bin ich mit mir im Einklang.
10. Was suche ich in meinen Gedanken: das Ja, das Jein oder das Nein zum Leben?

Dr. Uwe Böschemeyer, Jahrgang 1939, Europäisches Zertifikat für Psychotherapie, Schüler Viktor E. Frankls, von Frankl zur Lehre und Praxis der Logotherapie autorisiert, Autor zahlreicher Bücher und anderer Veröffentlichungen, Gründer und Leiter des „Hamburger Instituts für Existenzanalyse und Logotherapie“. Schwerpunkte seiner Arbeit sind neben der „existenzanalytischen Logotherapie“ die von ihm begründete „Wertorientierte Persönlichkeitsbildung“ sowie die von ihm entwickelte „Wertorientierte Imagination“.

Anschrift des Autors:
Dr. Uwe Böschemeyer
Hamburger Institut für Existenzanalyse und Logotherapie
Barckhausenstraße 20
21335 Lüneburg
Telefon: 04131/403844
Telefax: 04131/403845
e-mail: sekretariat@boeschemeyer.de
www.logotherapie-hamburg.de

INFORMATIONEN über die Veranstaltungen des „Hamburger Instituts für Existenzanalyse und Logotherapie“ und weitere Literatur von Uwe Böschemeyer sind im Sekretariat erhältlich.